Impressum
Verlag: BABADADA GmbH, Nedderfeld 112 , 22529 Hamburg
Geschäftsführer / Verlagsleitung: Harald Hof
Druck: Books on Demand GmbH, In de Tarpen 42, 22848 Norderstedt

Imprint
Publisher: BABADADA GmbH, Nedderfeld 112 , 22529 Hamburg, Germany
Managing Director / Publishing direction: Harald Hof
Print: Books on Demand GmbH, In de Tarpen 42, 22848 Norderstedt

paaralan

escola

silid-aralan
classe
bawasin
dividir
186/2
pisara
tauler
bakuran ng paaralan
pati (de l'escola)
guro
professor
papel
paper
sumulat
escriure
pen
estilogràfica
mesa
escriptori
ruler
regle
aklat
llibre
mag-aaral
estudiant

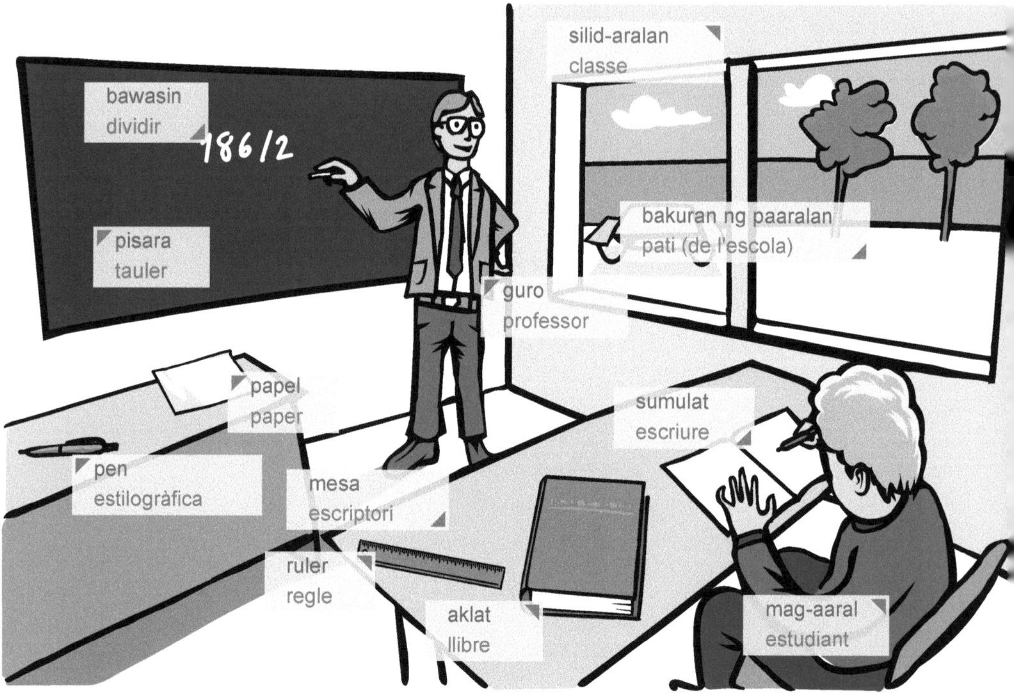

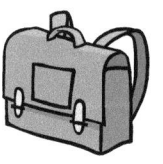

satchel

bossa

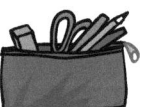

lalagyan ng lapis

estoig

lapis

llapis

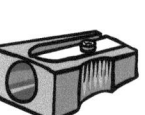

pantasa

maquineta de fer punta

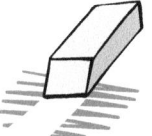

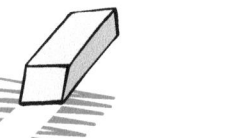

goma

goma

drowing pad

bloc de dibuix

drowing

dibuix

pinsel na pampinta

pinzell

kahon ng pinta

capsa de pintures

gunting

tisores

pandikit

cola

aklat para sa pagsasanay

quadern d'exercicis

takdang-aralin

deures

12

numero

nombre

2+2

dagdagan

afegir

5-2

bawasin

sostreure

2×2

paramihin

multiplicar

kalkulahin

calcular

A

liham

lletra

ABCDEFG
HIJKLMN
OPQRSTU
VWXYZ

alpabeto

alfabet

hello

salita

mot

teksto
text

basahin
llegir

yeso
guix

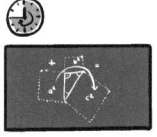

leksyon
lliçó

rehistro
llibre de classe

eksaminasyon
examen

sertipiko
certificat

uniporme sa paaralan
uniforme escolar

edukasyon
formació

encyclopedia
enciclopèdia

unibersidad
universitat

mikroskopyo
microscopi

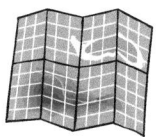

mapa
mapa

basurahan ng papel
paperera

paglalakbay
viatge

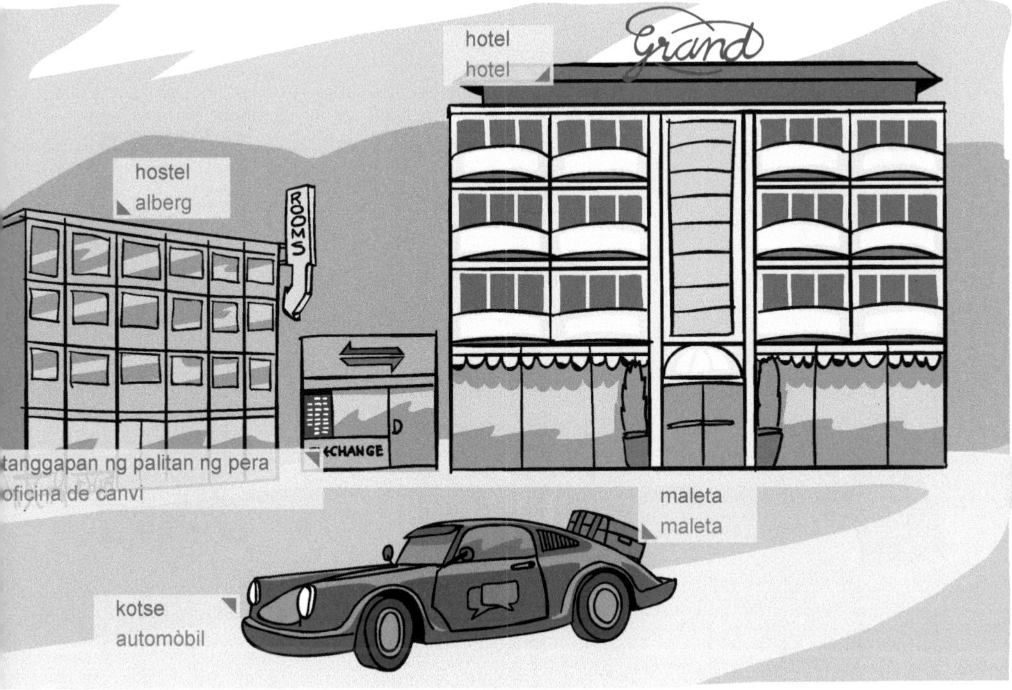
hotel
hotel
Grand
hostel
alberg
ROOMS
tanggapan ng palitan ng pera
oficina de canvi
EXCHANGE
maleta
maleta
kotse
automòbil

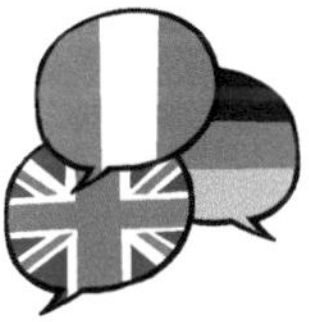

wika
llengua

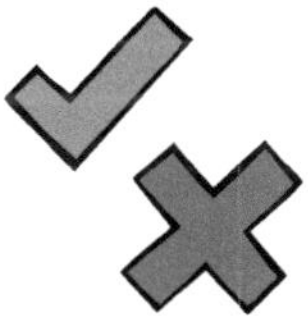

oo / hindi
sí / no

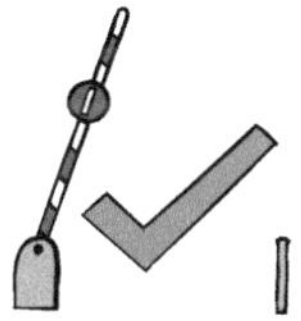

Okey
D'acord

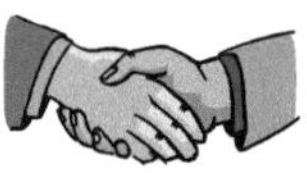

kumusta
Ey!

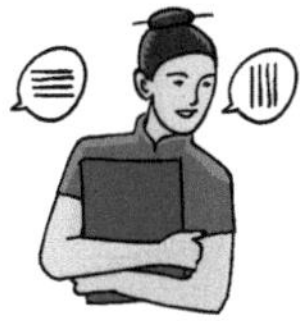

tagapagsalin
traductora

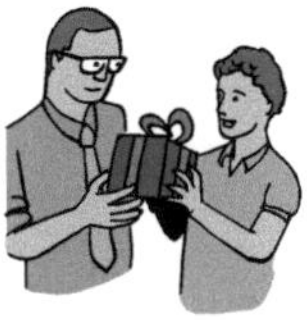

Salamat
gràcies

magkano ang...?

Quant costa... ?

Hindi ko maintindihan

No entenc

problema

problema

Magandang gabi!

Bona nit!

Magandang umaga!

bon dia!

Magandang gabi!

bona nit!

paalam

fins aviat

direksyon

direcció

bahage

bagatge

bag

bossa

napsak

sarrona

panauhin

convidat

silid

cambra

sakong tulugan

sac de dormir

tolda

tenda

mpormasyon ng turista

oficina de turisme

dalampasigan

platja

credit card

carta de crèdit

almusal

esmorzar

tanghalian

dinar

hapunan

sopar

tiket

bitllet

elebeytor

ascensor

selyo

segell

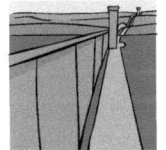

hangganan

frontera

adwana

duana

embahada

ambaixada

visa

visat

pasaporte

passaport

transportasyon
transport

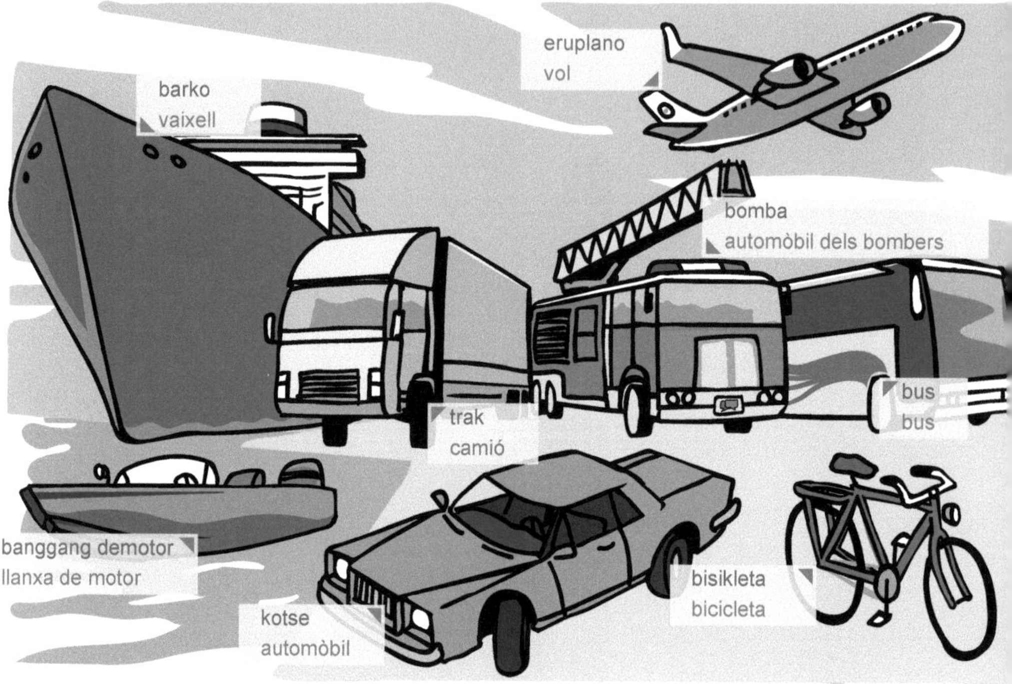
barko
vaixell
eruplano
vol
bomba
automòbil dels bombers
trak
camió
bus
bus
banggang demotor
llanxa de motor
kotse
automòbil
bisikleta
bicicleta

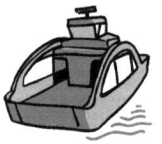

lantsang pantawid
transbordador

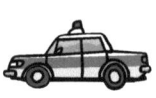

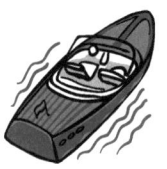

bangka
barca

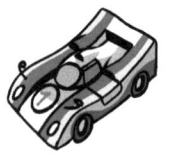

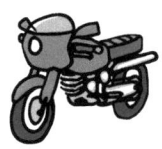

motorsiklo
moto

sasakyan ng pulis
automòbil de policia

kotseng pangkarera
automòbil de curses

nirerentahang kotse
automòbil de lloguer

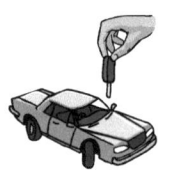

car sharing

vehicle compartit

trak na panghila

grua

trak na pantapon ng basura

camió de les escombraries

motor

motor

panggatong

benzina

gasolinahan

benzineria

karatula ng trapiko

senyal de trànsit

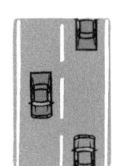

trapiko

trànsit

masikip na trapiko

embús

paradahan ng kotse

aparcament

estasyon ng tren

estació de trens

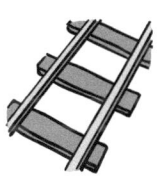

riles

vies

tren

tren

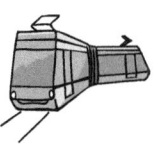

trambya

tramvia

wagon

vagó

helikopter
helicòpter

paliparan
aeroport

tore
torre

pasahero
passatger

sisidlan
contenidor

karton
capsa de cartó

kariton
carretó

basket
cistella

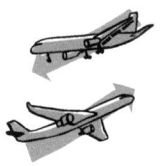

umalis / lumapag
enlairar-se / aterrar

lungsod

ciutat

nayon
poble

sentro ng lungsod
centre de la ciutat

bahay
casa

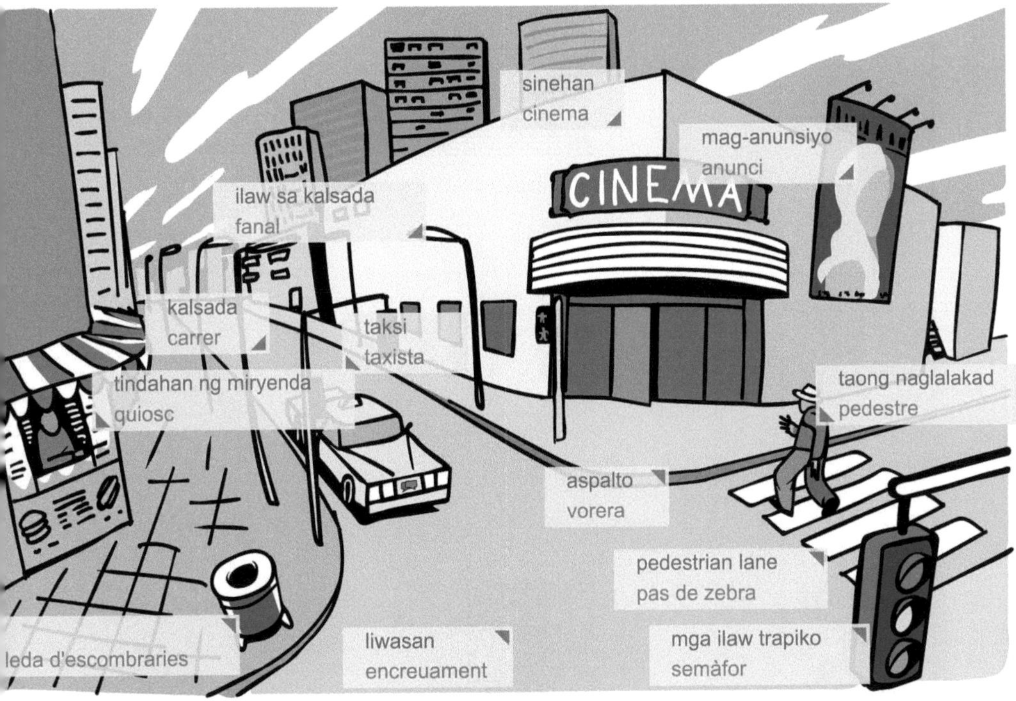

sinehan
cinema

mag-anunsiyo
anunci

ilaw sa kalsada
fanal

CINEMA

kalsada
carrer

taksi
taxista

tindahan ng miryenda
quiosc

taong naglalakad
pedestre

aspalto
vorera

pedestrian lane
pas de zebra

leda d'escombraries

liwasan
encreuament

mga ilaw trapiko
semàfor

kubo

cabana

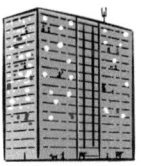

patag

apartament

estasyon ng tren

estació de trens

munisipyo

casa de la vila-ciutat

museo

museu

paaralan

escola

unibersidad

universitat

bangko

banca

ospital

hospital

hotel

hotel

parmasya

farmàcia

opisina

oficina

tindahan ng aklat

llibreria

tindahan

botiga

tindahan ng bulaklak

floristeria

supermarket

supermercat

palengke

mercat

department store

gran magatzem

tindahan ng isda

peixateria

sentrong pamilihan

centre comercial

daungan

port

12   lungsod - ciutat

parke

parc

bangko

banc

tulay

pont

hagdan

escala

underground

metro

tunel

túnel

hintuan ng bus

parada d'autobús

bar

bar

restawran

restaurant

kahon ng koreo

bústia de correu

karatula sa kalsada

senyal indicador

metro ng paradahan

parquímetre

zoo

zoo

swimming pool

piscina

moske

mesquita

lungsod - ciutat

13

bukid
granja

polusyon
pol·lució

libingan
cementiri

simbahan
església

palaruan
parc infantil

templo
temple

tanawin
paisatge

dahon
fulla

posteng pananda
cartell indicador

daan
camí

parang
prat

bato
pedra

hiker
excursionista

kahoy
arbre

ilog
riu

damo
gespa

bulaklak
flor

lambak
vall

burol
muntanya

look
llac

kagubatan
bosc

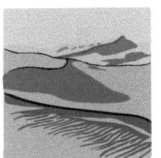

disyerto
desert

bulkan
volcà

kastilyo
castell

bahaghari
arc de Sant Martí

kabute
bolet

palmera
palmera

lamok
moscard

langaw
mosca

langgam
formiga

bubuyog
abella

gagamba
aranya

salagubang

escarabat

palaka

granota

ardilya

esquirol

parkupino

eriçó

liyebre

llebre

kuwago

òliba

ibon

ocell

sisne

cigne

bulugan

senglar

usa

cervo

moose

ant

dam

presa

turbina ng hangin

turbina

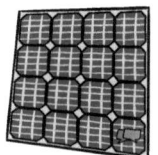

solar panel

panell solar

klima

clima

tanawin - paisatge

waiter
cambrer

putahe
menú

silya
cadira

sopas
sopa

pizza
pizza

kubyertos
coberts

mantel
tovalla

panimula
primer plat

pangunahing pagkain
plat principal

panghimagas
darreries

inumin
begudes

pagkain
menjar

bote
ampolla

fastfood

menjar ràpid

pagkaing kalye

menjar de carrer

tsarera

tetera

panutsa

sucrer

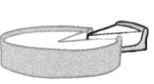

bahagi

porció

espresso machine

màquina d'espresso

mataas na upuan

trona

bayarin

factura

bandehado

plata

kutsilyo

ganivet

tinidor

forqueta

kutsara

cullera

kutsarita

cullereta

serviette

tovalló

baso

got

restawran - restaurant

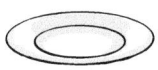

pinggan
plat

platong pansopas
plat de sopa

platito
plateret

sawsawan
salsa

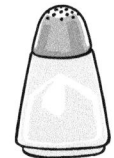

pangkalog ng asin
saler

panggiling ng paminta
molinet de pebre

suka
vinagre

langis
oli

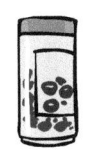

pampalasa
espècies

ketsup
quètxup

mustasa
mostassa

mayonnaise
maionesa

supermarket
supermercat

espesyal na alok
oferta especial
FOR
kustomer
client
produktong mantikilya
productes lactis
prutas
fruites
troli
carret de la compra

BUTCHERS

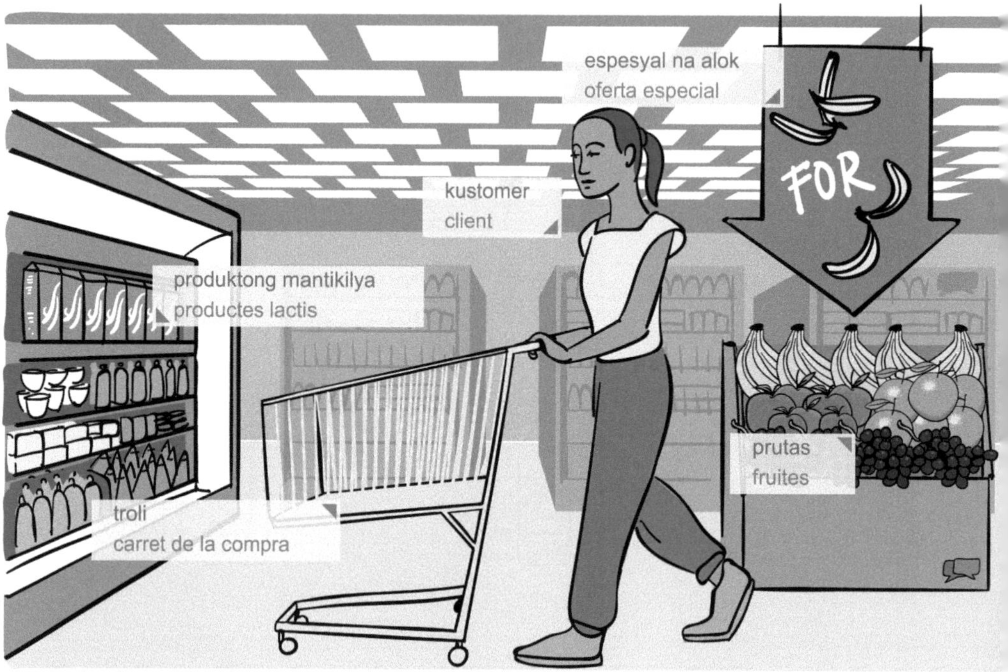

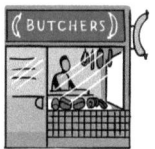

butser

carnisseria

BAKERY

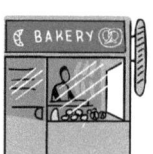

panaderya

forn de pa

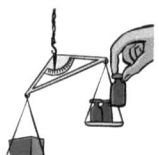

timbang

pesar

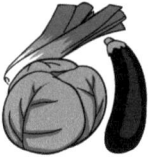

mga gulay

verdures

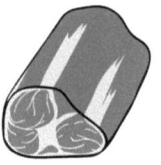

karne

carn

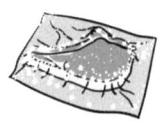

pinalamig na pagkain

menjar congelat

malamig na karne
carn freda

delatang pagkain
conserves

pulbos na panlaba
detergent en pols

matatamis
dolços

mga produktong pambahay
articles domèstics

mga produktong panlinis
productes de neteja

tindera
venedora

cash register
caixa registradora

kahera
caixera

listahan ng pinamili
llista de la compra

oras ng pagbubukas
horari d'obertura

pitaka
portamonedes

credit card
carta de crèdit

bag
bossa

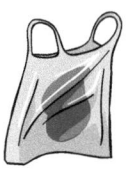

plastik bag
bossa de plàstic

tubig

aigua

juice

suc

gatas

llet

coke

coca-cola

alak

vi

serbesa

cervesa

alak

alcohol

kakaw

cacau

tsaa

te

kape

cafè

espresso

espresso

cappuccino

cappuccino

saging

banana

mansanas

poma

kahel

taronja

melon

síndria

limon

llimona

carrot

pastanaga

bawang

all

kawayan

bambú

sibuyas

ceba

kabute

bolet

mani

avellanes

noodles

fideus

spaghetti

espaguetis

bigas

arròs

ensalada

amanida

chips

patates fregides

pritong patatas

patates fregides

pizza

pizza

hamburger

hamburguesa

sandwich

entrepà

piraso ng karneng walang buto

escalopa

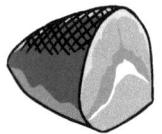

hamon

cuixot

salami

salami

tsoriso

salsitxa

manok

pollastre

inihaw

rostit

isda

peix

mga porridge oat

flocs de civada

muesli

musli

cornflakes

cereals

harina

farina

croissant

croissant

rolyong tinapay

panet

tinapay

pa

tostado

torrada

biskuwit

bescuits

mantikilya

mantega

keso

mató

keyk

pastís

itlog

ou

pritong itlog

ou fregit

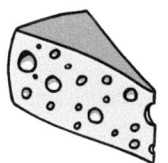

keso

formatge

sorbetes

gelat

asukal

sucre

pulot

mel

jam

melmelada

tsokolateng pinapahid

crema de xocolata

curry

curri

bukid
granja

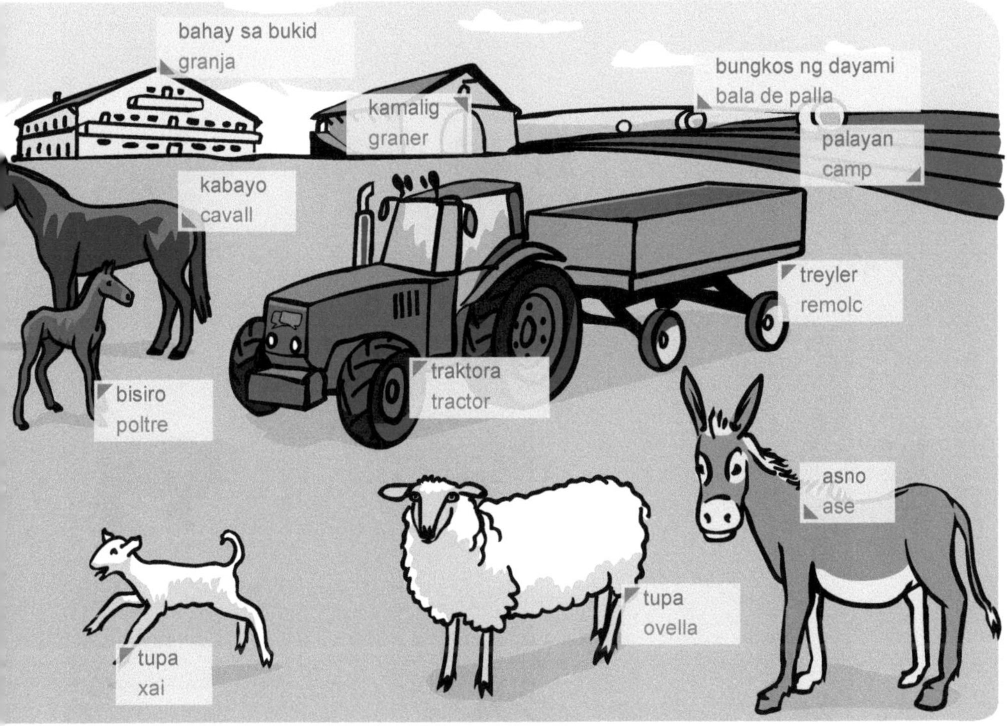
bahay sa bukid
granja
kamalig
graner
bungkos ng dayami
bala de palla
palayan
camp
kabayo
cavall
treyler
remolc
traktora
tractor
bisiro
poltre
asno
ase
tupa
ovella
tupa
xai

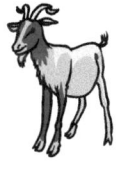

kambing cabra	baka vaca	guya vedella
baboy porc	biik garrí	toro bou

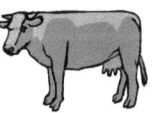

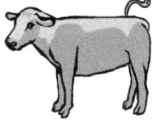

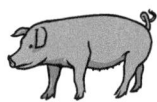

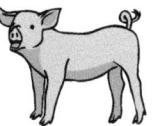

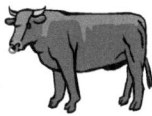

gansa
oca

pato
ànec

sisiw
poll

inahin
gall

katyaw
gallina

daga
rata

pusa
gat

daga
ratolí

kapong baka
bou

aso
gos

bahay ng aso
gossera

hose sa hardin
mànega de regar

latang pandilig
regadora

haras
dalla

araro
arada

karit

falç

asarol

aixada

tuhugin

forca

palakol

destral

karitela

carretó

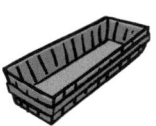

sabsaban

abeurador

lata ng gatas

lletera

sako

sac

bakod

tanca

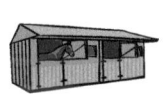

kuwadra

establa

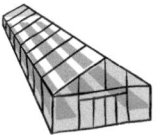

punlaan

hivernacle

lupa

sòl

buto

llavor

pataba

adob

combine harvester

collidora

bukid - granja 29

mag-ani
collir

ani
collita

yams
nyam

trigo
blat

soya
soja

patatas
patata

mais
blat de moro o d'indi

rapeseed
colza

kahoy na namumunga
arbre fruiter

kamoteng kahoy
mandioca

siryal
cereals

bahay

casa

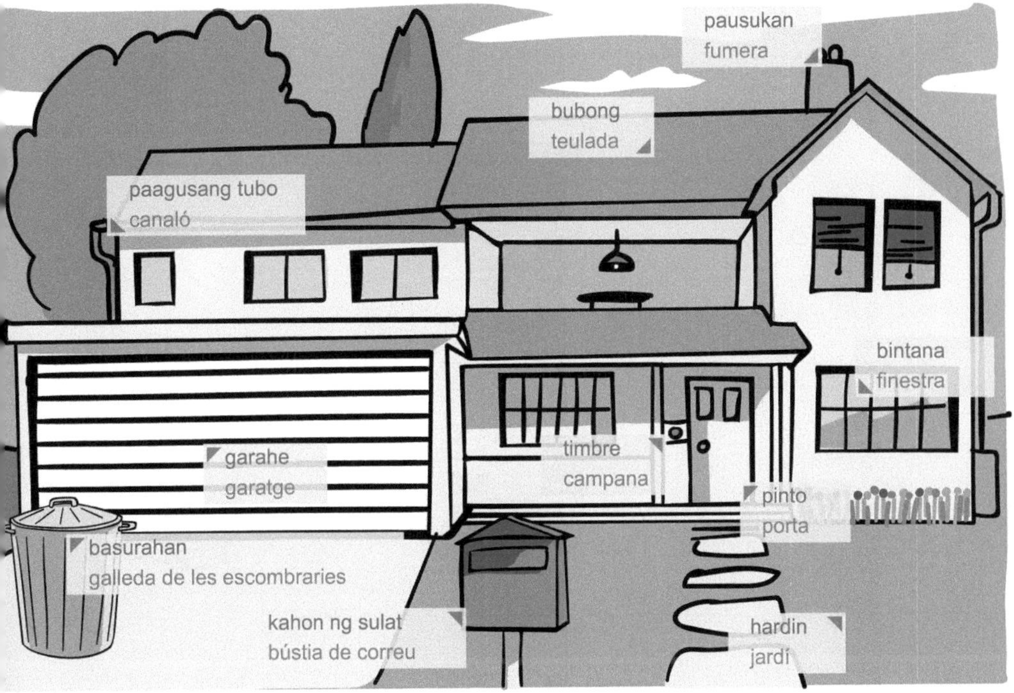

pausukan
fumera
bubong
teulada
paagusang tubo
canaló
bintana
finestra
garahe
garatge
timbre
campana
pinto
porta
basurahan
galleda de les escombraries
kahon ng sulat
bústia de correu
hardin
jardí

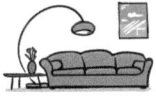

salas

sala d'estar

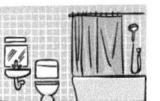

palikuran

bany

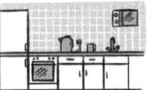

kusina

cuina

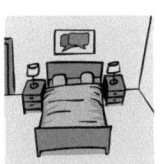

silid-tulugan

cambra de dormir

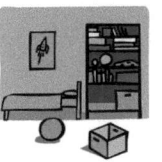

silid ng bata

cambra de nen

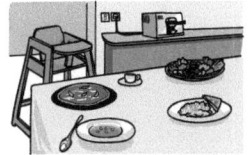

hapag-kainan

menjador

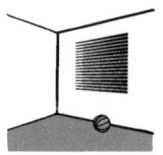

sahig

sòl

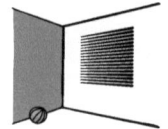

pader

paret

kisame

sostre

bodega ng alak

soterrani

sauna

sauna

balkonahe

balcó

terasa

terrassa

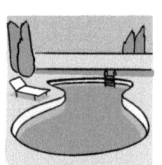

pool

piscina

pamputol ng damo

tallagespa

piraso ng papel

vànova

kobrekama

cobrellit

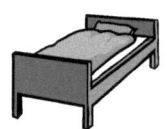

higaan

llit

walis

escombra

timba

galleda

pindutan

interruptor

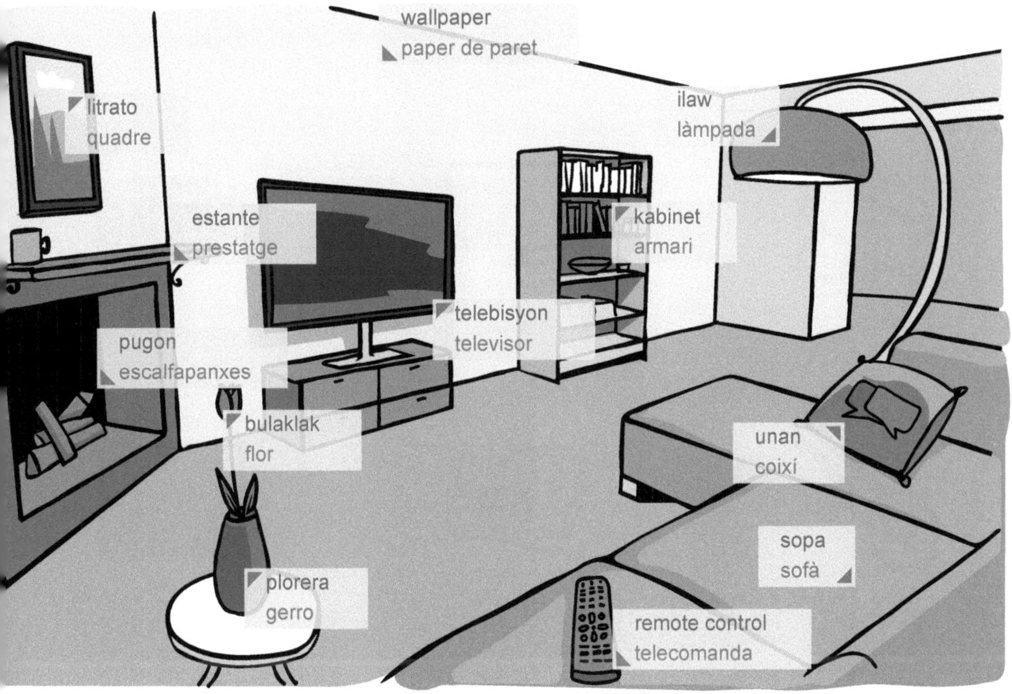

wallpaper
paper de paret

litrato
quadre

ilaw
làmpada

estante
prestatge

kabinet
armari

pugon
escalfapanxes

telebisyon
televisor

bulaklak
flor

unan
coixí

sopa
sofà

plorera
gerro

remote control
telecomanda

karpet
catifa

kurtina
cortina

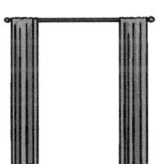

mesa
taula

silya
cadira

tumba-tumba
cadira gronxadora

sandalan
cadiral

aklat

llibre

kumot

llençol

dekorasyon

decoració

kahoy na panggatong

llenya

pelikula

film

hi-fi

cadena de música

susi

clau

dyaryo

diari

pinta

pintura

poster

cartell

radyo

ràdio

kuwaderno

bloc de notes

vacuum cleaner

aspiradora

kaktus

cactus

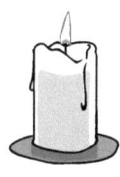

kandila

candela

kusina
cuina

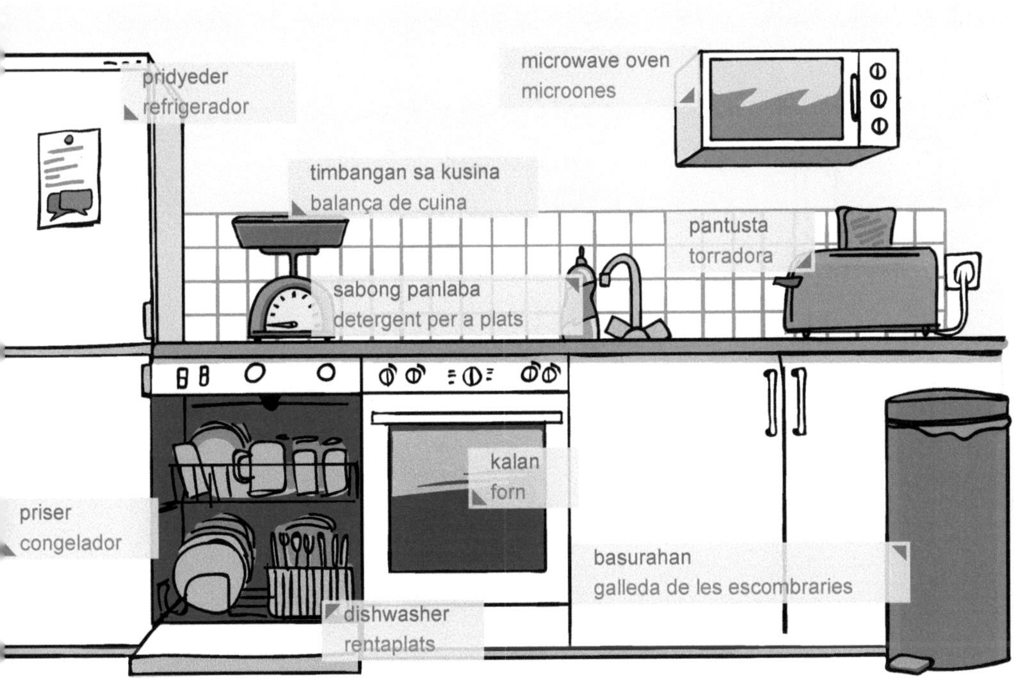

pridyeder
refrigerador
microwave oven
microones
timbangan sa kusina
balança de cuina
pantusta
torradora
sabong panlaba
detergent per a plats
kalan
forn
priser
congelador
basurahan
galleda de les escombraries
dishwasher
rentaplats

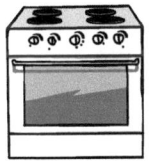

lutuan

cuina de fogons

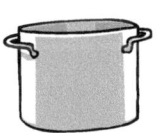

kaldero

olla

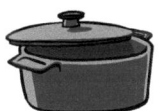

kalderong bakal

olla de ferro colat

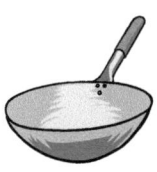

wok / kadai

wok / karahi

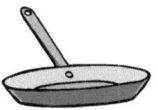

kawali

paella

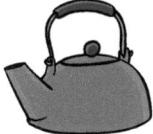

takore

bullidor

pasingawan

olla de vapor

bandehado sa paghuhurno

plata de forn

babasagin

vaixella

mug

tassa grossa

mangkok

bol

sipit ng intsik

bastonets xinesos

sandok

culler

spatula

espàtula

pampalis

batedor

pansala

colador

salaan

sedàs

pangkayod

ratllador

almires

morter

barbikyo

barbacoa

siga

foc a terra

tadtaran

taula de tallar

rodilyo

corró

tribuson

llevataps

lata

pot de conserva

pambukas ng lata

obridor

panghawak ng kaldero

agafador

lababo

aigüera

bras

raspall

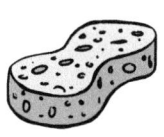

espongha

esponja

blender

batedora

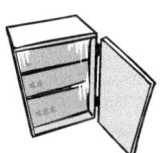

malalim na freezer

congelador

bote ng sanggol

biberó

gripo

aixeta

kusina - cuina

palikuran
bany

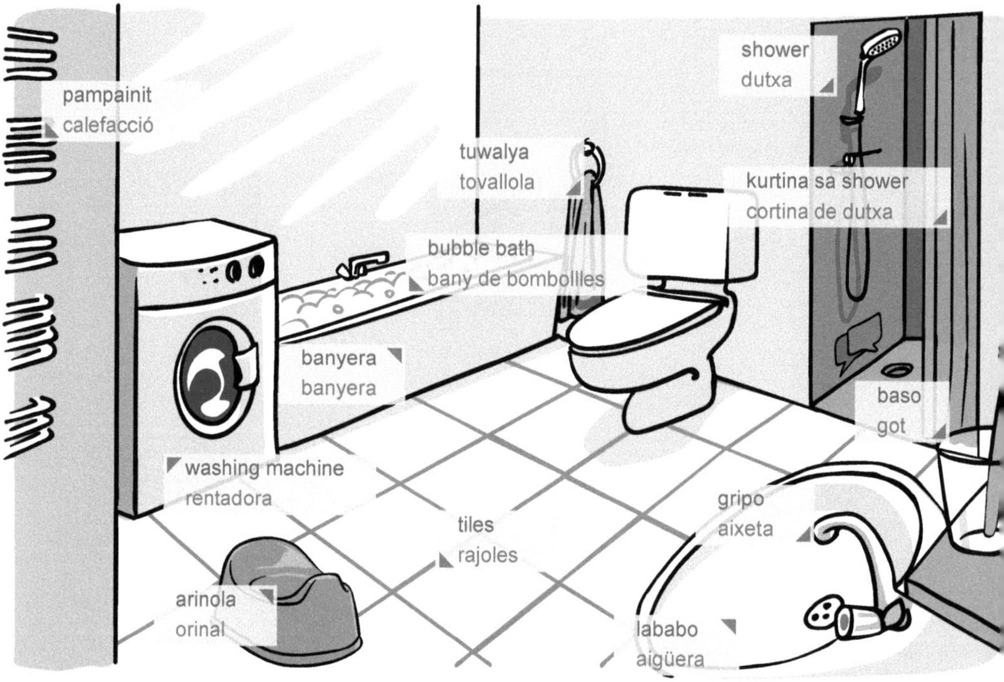

pampainit
calefacció
tuwalya
tovallola
shower
dutxa
kurtina sa shower
cortina de dutxa
bubble bath
bany de bombolles
banyera
banyera
baso
got
washing machine
rentadora
gripo
aixeta
tiles
rajoles
arinola
orinal
lababo
aigüera

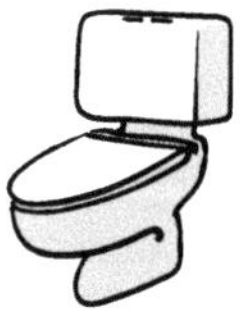

banyo
lavabo

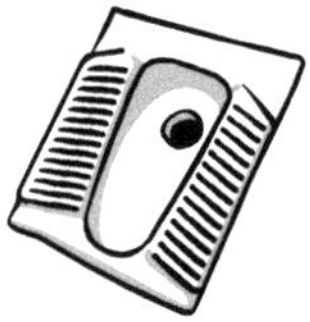

squat toilet
lavabo turc

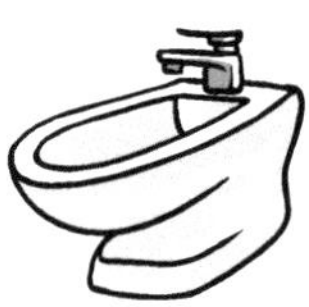

bidet
bidet

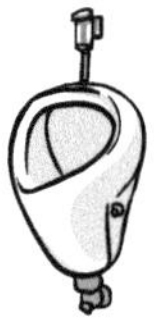

ihian
orinador

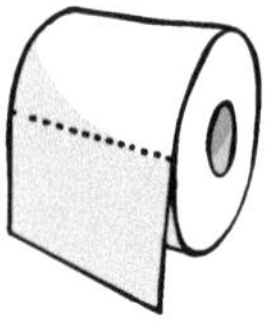

toilet paper
paper higiènic

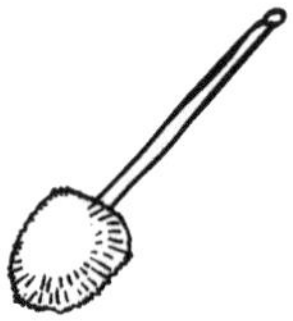

iskoba sa banyo
escombreta de sanitari

sipilyo

raspall de dents

tutpeyst

pasta de dents

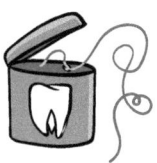

dental floss

fil dental

hugasan

rentar

shower na hinahawakan

pom de dutxa

dutsa

dutxa íntima

palanggana

rentamans

bras panlikod

raspall per a l'esquena

sabon

sabó

shower gel

gel de dutxa

shampoo

xampú

pranela

manyopla de bany

paagusan

bonera

krema

crema

deodorant

desodorant

salamin
mirall

salaming hinahawakan
mirall-espill de mà

pang-ahit
maquineta de rasar

bulang pang-ahit
espuma de barbejar

aftershave
loció post-rasada

suklay
pinta

brush
raspall

pantuyo ng buhok
eixugador

sprey sa buhok
laca

makeup
maquillatge

lipistik
pintallavis

pampakintab ng kuko
esmalt d'ungles

bulak na lana
cotó

panggupit ng kuko
tallaungles

pabango
perfum

washbag

estoig de bellesa

stool

tamboret

timbangan

bàscula

bata

barnús

gomang guwantes

guants de goma

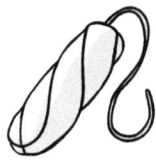

tampon

compresa higiènica

malinis na tuwalya

compresa

chemical toilet

sanitari químic

silid ng bata

cambra de nen

alarm clock
despertador
nayayakap na laruan
animal de peluix
laruang kotse
auto de joguina
kuliling
sonall
bahay ng manika
casa de nines
regalo
present

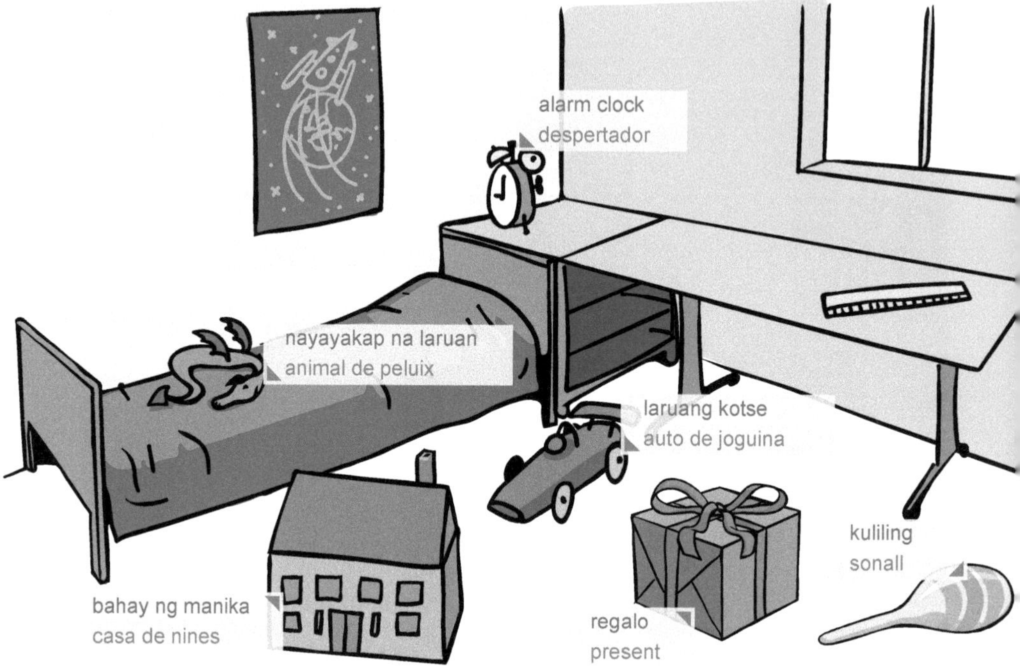

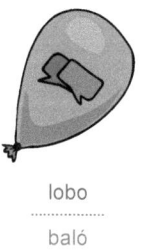

lobo

baló

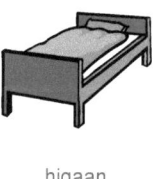

higaan

llit

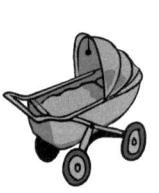

pram

cotxet per a nens

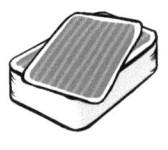

hanay ng mga baraha

joc de cartes

jigsaw

trencaclosca

SUPER
MEGA

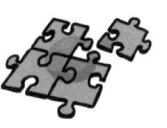

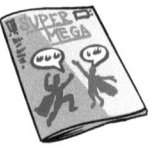

komiks

historieta

lego bricks
peces de lego

blokeng laruan
peces de construcció

action figure
ninot d'acció

paglaki ng sanggol
granota

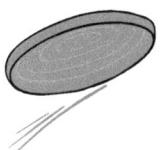

frisbee
frisbee

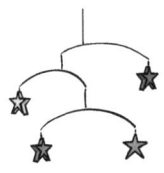

mobile
mòbil per a bressol

board game
joc de taula

dice
daus

model train set
tren elèctric

manikin
xumet

salu-salo
festa

aklat ng mga litrato
llibre de dibuixos

bola
pilota

manika
nina

maglaro
jugar

tibagan ng buhangin

sorrera

duyan

gronxador

mga laruan

joguines

video game console

consola de jocs de vídeo

traysikel

tricicle

teddy bear

osset de peluix

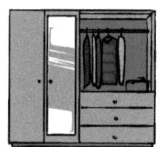

aparador

armari

pananamit

roba

medyas

mitjons

stockings

mitges

pampitis

mitja pantaló

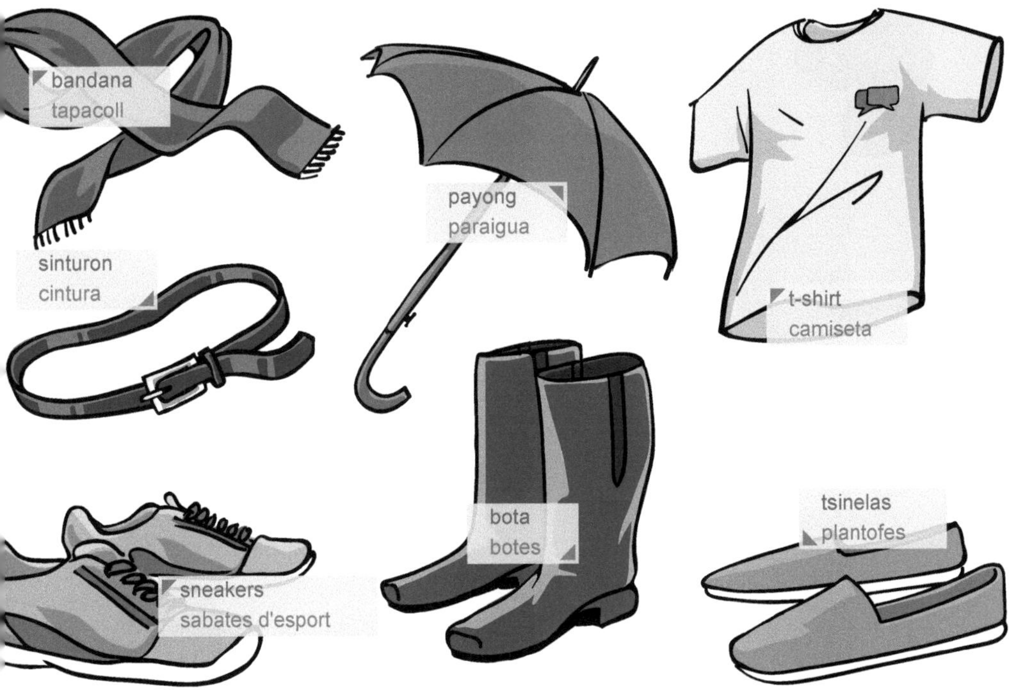

bandana
tapacoll

payong
paraigua

t-shirt
camiseta

sinturon
cintura

bota
botes

tsinelas
plantofes

sneakers
sabates d'esport

sandalyas

sandàlies

sapatos

sabates

botang degoma

botes de goma

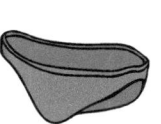

salawal

calçonets

bra

sostenidor

tsaleko

guardapits

katawan

jjustacòs

pantalon

pantalons

jeans

jeans

palda

faldeta

blusa

brusa

kamiseta

camisa

pullover

jersei

panlamig

dessuadora

blazer

blazer

diyaket

jaqueta

kapa

mantell

kapote

impermeable

kasuotan

vestit de dona

bistida

vestit de dona

damit pangkasal

vestit de núvia

terno

vestit d'home

damit pantulog

camisa de dormir

padyama

pijama

sari

sari

bandana sa ulo

mocador de cap

turban

turbant

burka

burca

kaftan

caftan

abaya

abaia

panlangoy

vestit de bany

trunks

calçon(et)s de bany

salawal

pantalons curts

tracksuit

xandall

apron

davantal

guwantes

guants

butones

botó

salamin

ulleres

pulseras

braçalet

kuwintas

collaret

singsing

anell

hikaw

orellera

takip

casquet

sabitan ng kapa

penjador

sombrero

capell

kurbata

corbata

siper

cremallera

helmet

casc

tirante

elàstics

uniporme sa paaralan

uniforme escolar

uniporme

uniforme

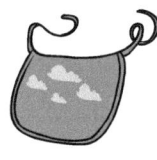

bibero

pitet

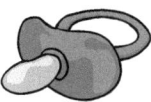

manikin

xumet

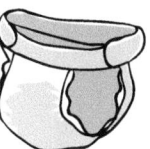

lampin

bolquer

opisina
oficina

server
servidor
kabinet ng file
armari arxivador
printer
impressora
papel
paper
monitor
monitor
mouse
ratolí
mesa
escriptori
polder
arxivador
keyboard
teclat
basurahan ng papel
paperera
kompyuter
ordinador
upuan
cadira

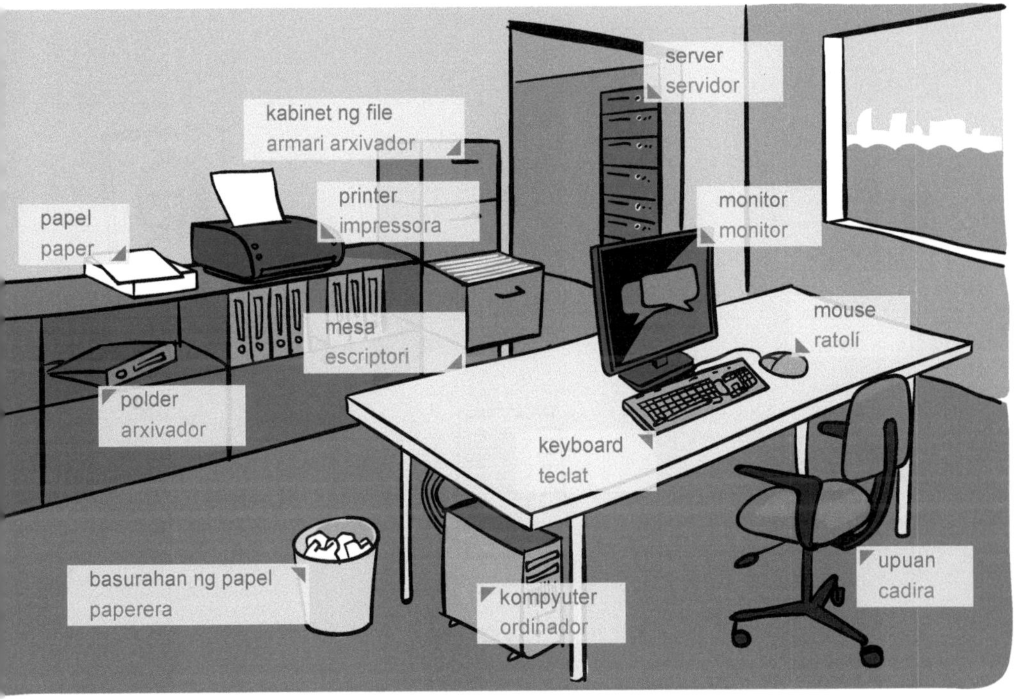

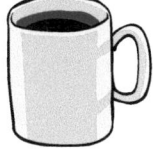

tasa ng kape

tassa de cafè

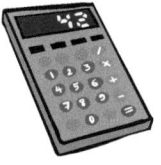

calculator

calculadora

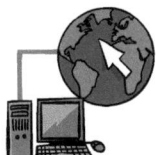

internet

Internet

laptop

ordinador portàtil

sulat

lletra

mensahe

missatge

mobile

mòbil

network

xarxa

photocopier

fotocopiadora

software

programari

telepono

telèfon

saksakan

presa de corrent

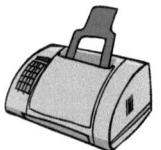

fax machine

fax

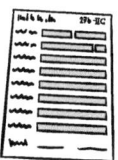

anyo

formulari

dokumento

document

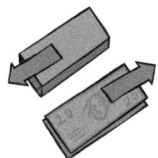

bumili

comprar

magbayad

pagar

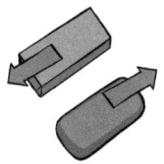

ikalakal

comerciar

pera

diners

dolyar

dòlar

euro

euro

yen

ien

rublo

ruble

swiss franc

franc suís

renminbi yuan

renminbi

rupee

rupia

cash point

caixa automàtica

tanggapan ng palitan ng pera
oficina de canvi

ginto
or

tanso
argent

langis
petroli

enerhiya
energia

presyo
preu

kontrata
contracte

buwis
impost

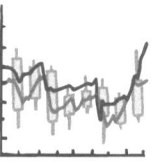

stock
acció

trabaho
treballar

empleyado
treballador

taga-empleyo
empresari

pabrika
fàbrica

tindahan
botiga

mga trabaho
oficis

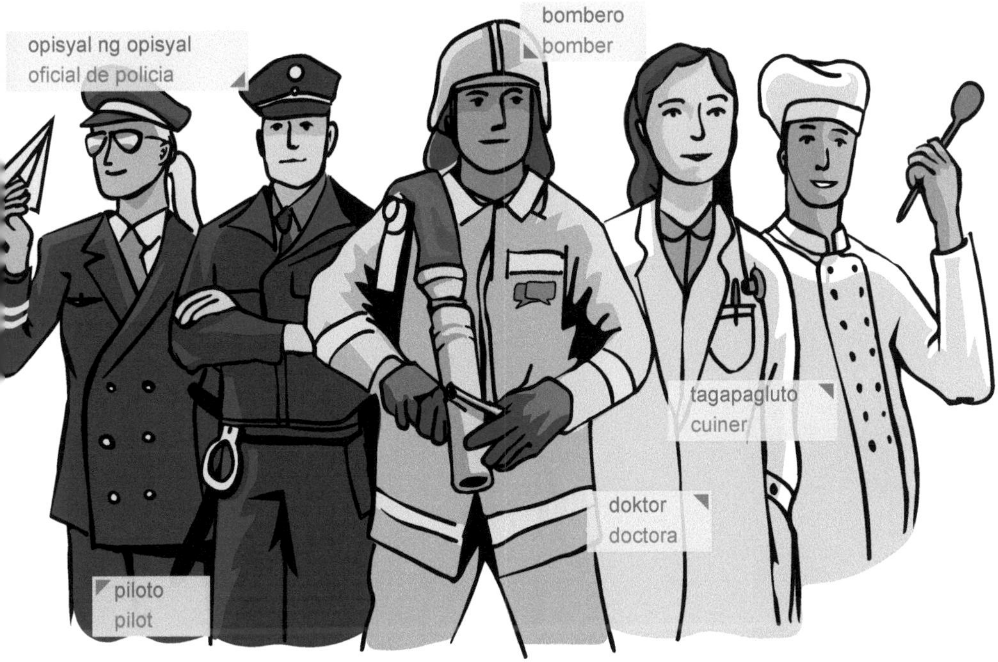
opisyal ng opisyal
oficial de policia
bombero
bomber
tagapagluto
cuiner
doktor
doctora
piloto
pilot

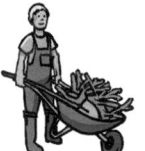

hardinero

jardiner

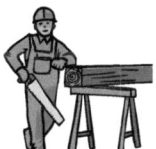

karpentero

fuster

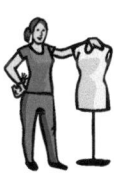

mananahi

costurera

hukom

jutge

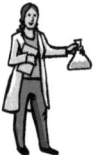

kemiko

química

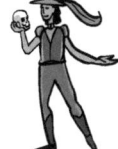

aktor

actor

tsuper ng bus

conductor d'autobús

tsuper ng taxi

taxista

mangingisda

pescador

tagapaglinis

dona de la neteja

tagapagkabit ng bubong

ensostrador

waiter

cambrer

mangangaso

caçador

pintor

pintor

panadero

forner

elektrisyan

electricista

tagapagtayo

obrer de la construcció

inhinyero

enginyer

magkakarne

carnisser

tubero

llanterner

kartero

correu

mga trabaho - oficis

sundalo

soldat

arkitekto

arquitecte

kahera

caixera

magtitinda ng bulaklak

florista

manggugupit

perruquer

konduktor

revisor

mekaniko

mecànic

kapitan

capità

dentista

dentista

siyentipiko

científic

rabbi

rabí

imam

imam

monghe

monjo

klero

capellà

mga kagamitan

eines

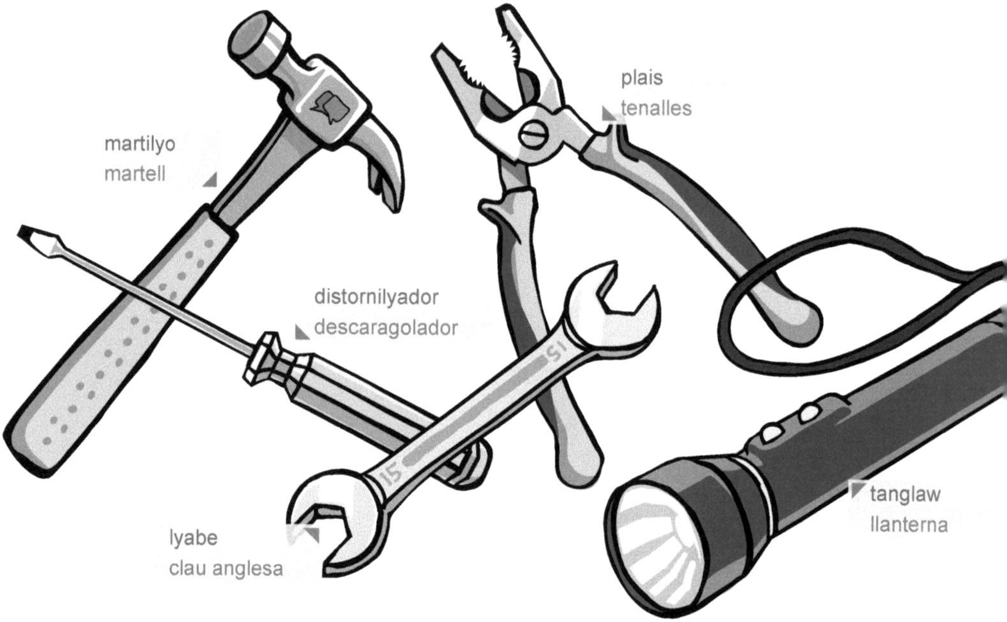

martilyo
martell
plais
tenalles
distornilyador
descaragolador
lyabe
clau anglesa
tanglaw
llanterna

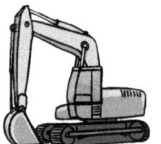

panghukay

excavadora

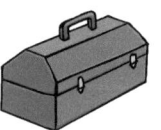

toolbox

caixa d'eines

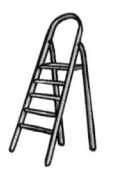

hagdan

escala

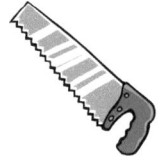

lagari

serra

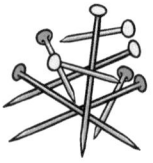

mga pako

claus

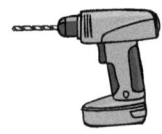

pambutas

trepant

kumpunihin

reparar

pala

pala

Kainis!

Maleït siga!

pandakot

pala

palayok ng pintura

pot de pintura

mga tornilyo

caragols

mga pangmusikang instrumento
instrument de música

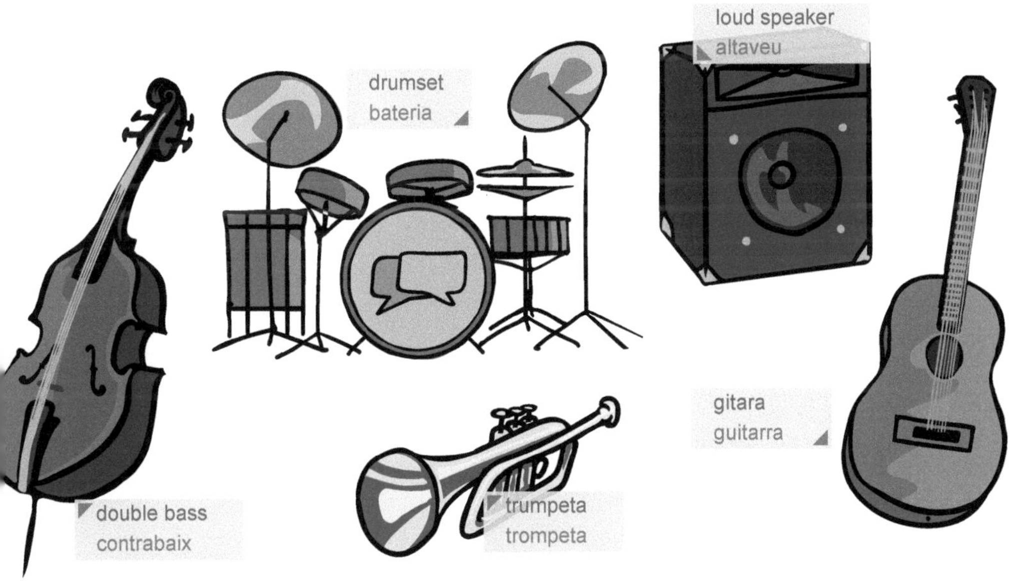

drumset
bateria

loud speaker
altaveu

gitara
guitarra

double bass
contrabaix

trumpeta
trompeta

piyano

piano

biyolin

violí

bass

baix

timpani

timbal

mga drum

tambor

keyboard

teclat

saksopon

saxofon

plauta

flauta

mikropono

micròfon

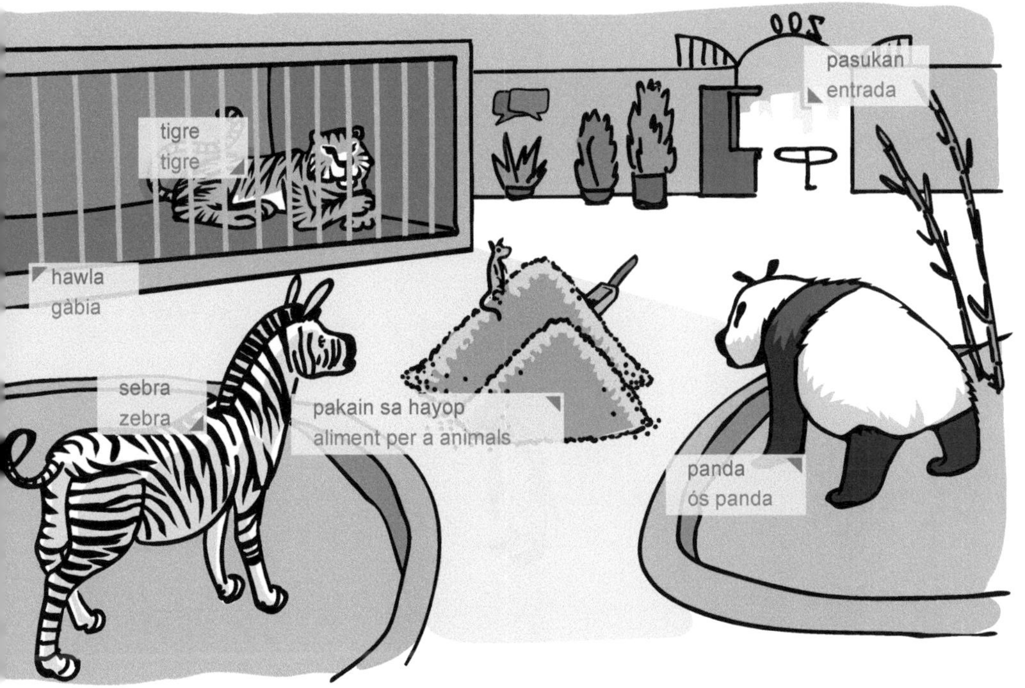

tigre
tigre

pasukan
entrada

hawla
gàbia

sebra
zebra

pakain sa hayop
aliment per a animals

panda
ós panda

mga hayop

animals

elepante

elefant

kanggaro

cangurú

rhino

rinoceront

gorilya

goril·la

oso

ós

kamelyo

camell

ostrich

estruç

leon

lleó

unggoy

simi

flamingo

flamenc

loro

papagai

polar bear

ós polar

penguin

pingüí

pating

ca mari

paboreal

paó

ahas

serp

buwaya

cocodril

tagapag-alaga ng zoo

guardià del zoo

seal

foca

jaguar

jaguar

60

buriko
poni

leopardo
lleopard

hipo
hipopòtam

dyirap
girafa

agila
àliga

bulugan
senglar

isda
peix

pagong
tortuga

walrus
morsa

soro
guineu

gasel
gasela

Amerikanong putbol
futbol americà

pamimisikleta
ciclisme

tennis
tenis

basketbol
bàsquet

paglalangoy
natació

boksing
boxa

ice-hockey
hoquei sobre gel

soccer
futbol americà

badminton
bàdminton

atletiks
atletisme

handball
handbol

skiing
esquí

polo
polo

mga aktibidad
activitats

tumalon
saltar
yakapin
abraçar
tumawa
riure
lumakad
anar
kumanta
cantar
mangarap
somiar
magdasal
pregar
halikan
fer un petó

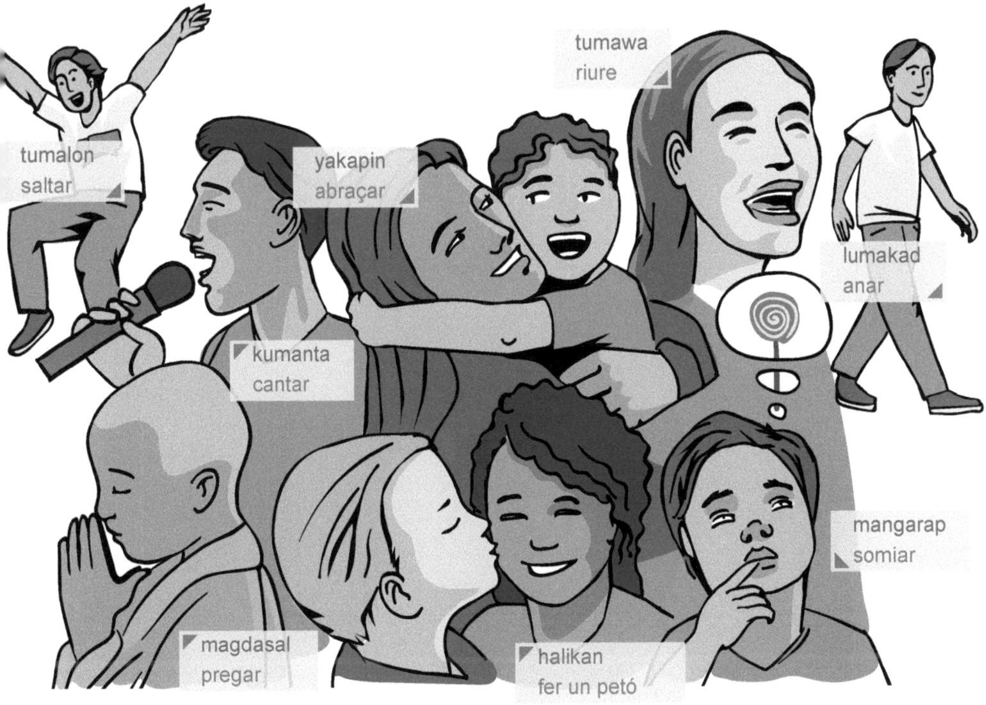

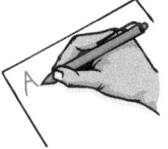

sumulat

escriure

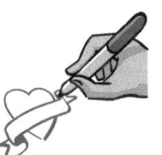

gumuhit

dibuixar

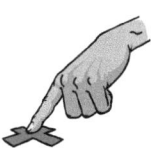

ipakita

mostrar

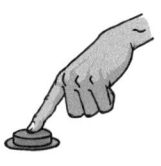

itulak

pitjar

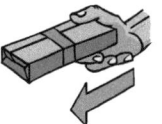

magbigay

donar

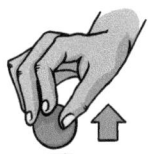

kunin

prendre

magkaroon

tenir

gawin

fer

maging

ésser

tumayo

estar dret

tumakbo

córrer

hilahin

estirar

itapon

llançar

malaglag

caure

mahiga

jeure

hintayin

esperar

dalhin

portar

umupo

asseure's

magbihis

vestir-se

matulog

dormir

gumising

despertar-se

tumingin

mirar

umiyak

plorar

estilo

amoixar

magsuklay

pentinar

magsalita

parlar

intindihin

comprendre

magtanong

demanar

makinig

escoltar

uminom

beure

kumain

menjar

linisin

endreçar

mahal

estimar

magluto

cuinar

magmaneho

conduir

lumipad

volar

maglayag

navegar

kalkulahin

calcular

basahin

llegir

matuto

aprendre

trabaho

treballar

pakasalan

casar-se

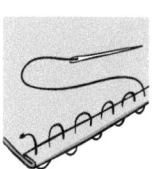

tahiin

cosir

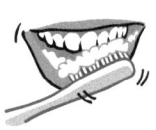

magsipilyo ng ngipin

raspallar-se les dents

patayin

matar

manigarilyo

fumar

magpadala

enviar

pamilya
família

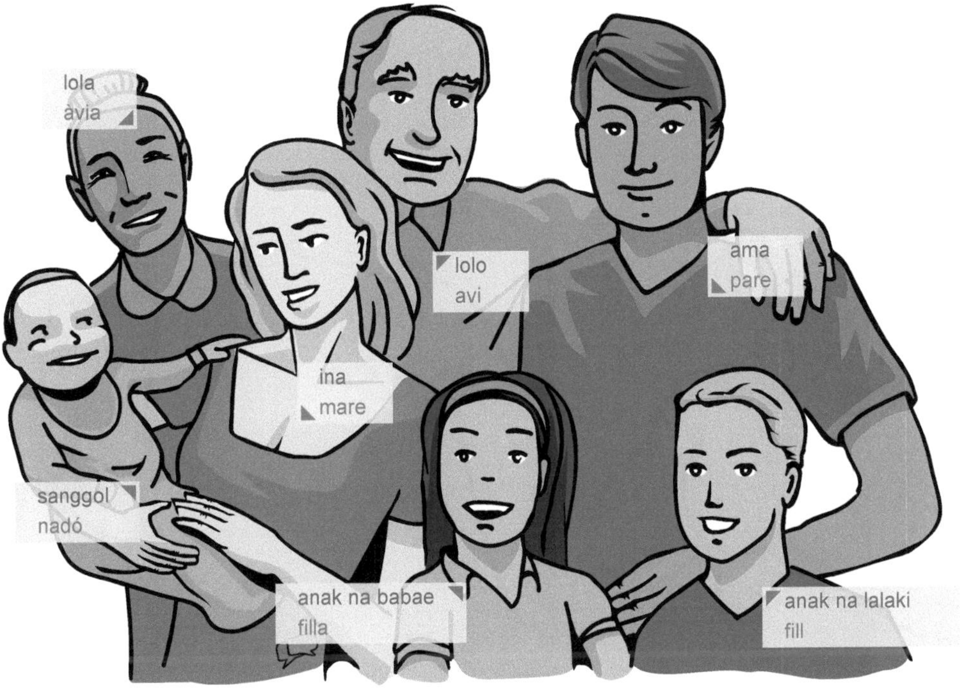
lola
àvia
lolo
avi
ama
pare
ina
mare
sanggol
nadó
anak na babae
filla
anak na lalaki
fill

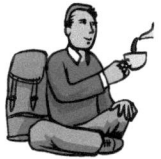

panauhin

convidat

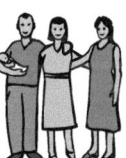

tiya

tia

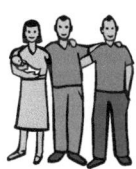

tiyo

oncle

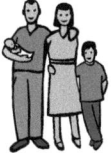

kuya

germà

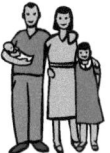

ate

germana

katawan

cos

noo
front
mata
ull
mukha
cara
baba
barbeta
daliri
dit
kamay
mà
suso
pit
bisig
braç
balikat
espatlla
binti
cama

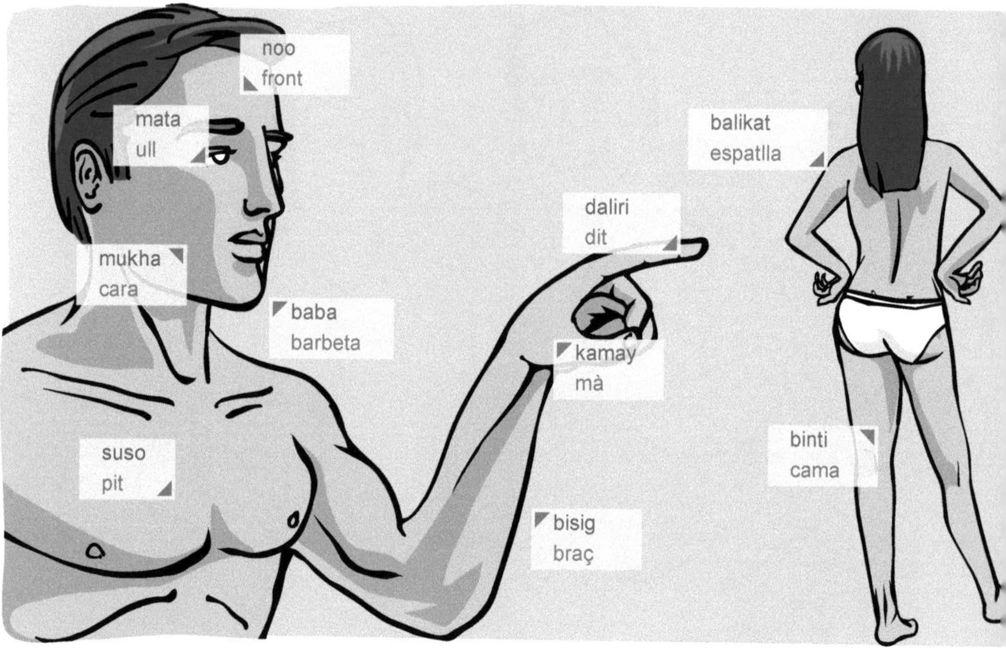

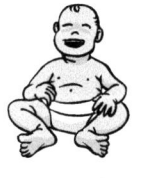

sanggol

nadó

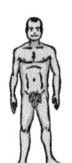

lalaki

home

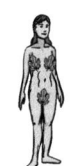

babae

dona

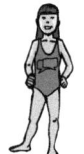

batang babae

noia

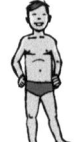

batang lalaki

noi

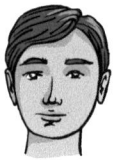

ulo

cap

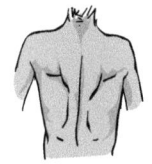

likod

esquena

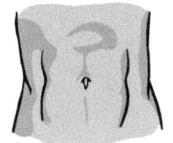

tiyan

panxa

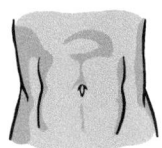

pusod

melic

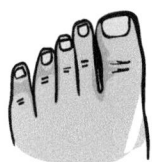

daliri ng paa

dit gros del peu

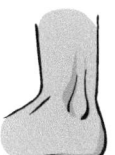

takong

taló

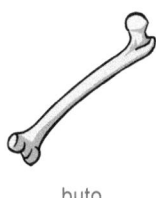

buto

os

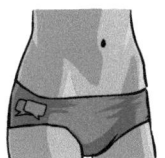

balakang

maluc

tuhod

genoll

siko

colze

ilong

nas

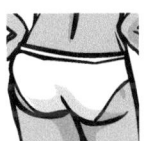

gitna

cul

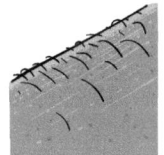

balat

pell

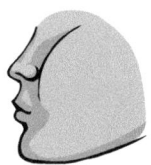

pisngi

galta

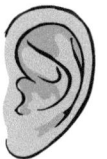

tainga

orella

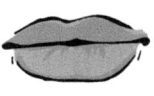

labi

llavi

bibig
boca

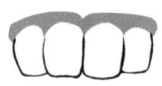

ngipin
dent

dila
llengua

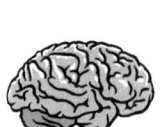

utak
cervell

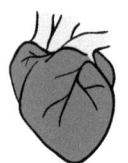

puso
cor

kalamnan
múscul

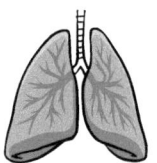

baga
pulmó

atay
fetge

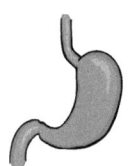

sikmura
estómac

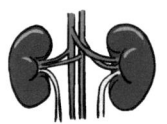

mga bato
ronyó

pagtatalik
relació sexual

kondom
preservatiu

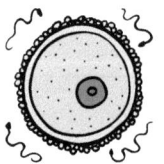

obyum
ovari

semen
semen

pagbubuntis
prenyat

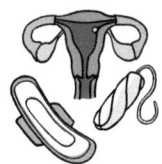

pagreregla

menstruació

vagina

vagina

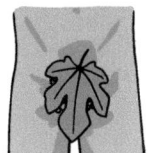

ari ng lalaki

penis

kilay

cella

buhok

cabells

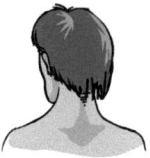

leeg

coll

ospital
hospital

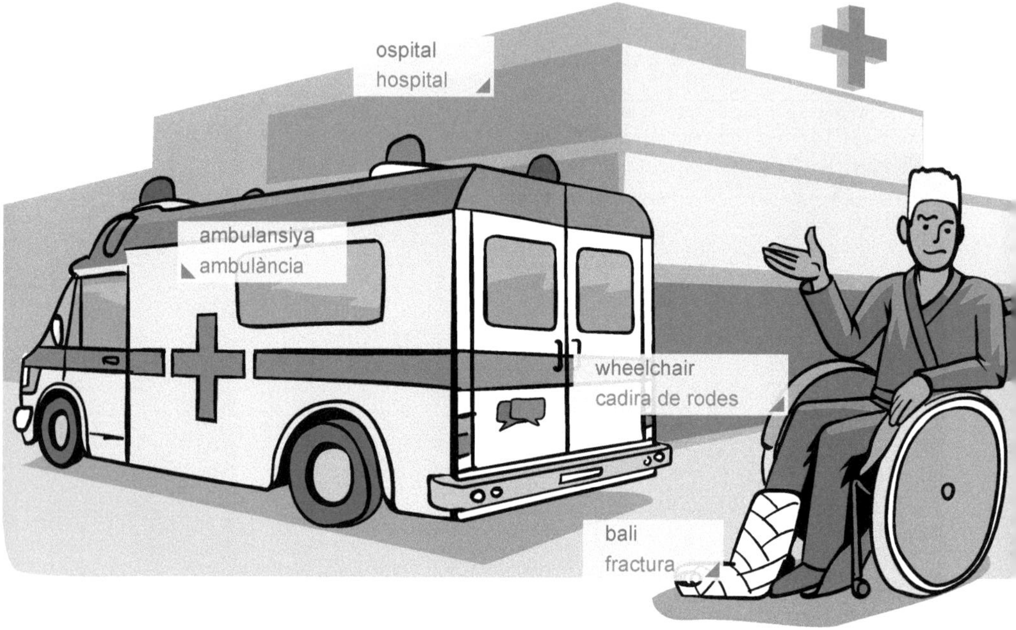

ospital
hospital
ambulansiya
ambulància
wheelchair
cadira de rodes
bali
fractura

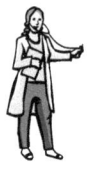

doktor

doctora

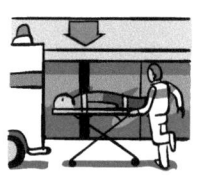

silid pang-emergency

sala d'urgències

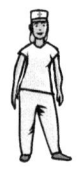

nars

infermera

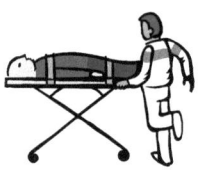

emerhensiya

urgència

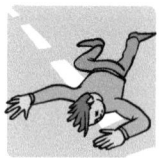

walang malay

inconscient

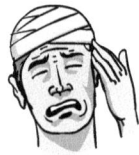

pananakit

dolor

pinsala

ferida

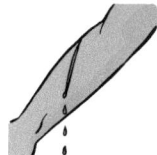

nagdurugo

sagnament

atake sa puso

atac de cor

atake serebral

apoplexia

alerdye

al·lèrgia

ubo

tos

lagnat

febre

trangkaso

gripa

pagdudumi

diarrea

sakit ng ulo

mal de cap

kanser

càncer

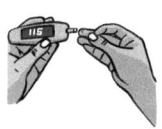

diyabetis

diabetis

siruhano

cirurgià

iskalpel

escalpel

operasyon

operació

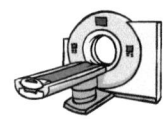

CT

tomografia computada (TC),
TAC

x-ray

raigs x

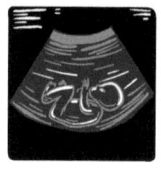

ultrasound

ultrasò

maskara sa mukha

mascareta

sakit

malaltia

silid-antayan

sala d'espera

saklay

crossa

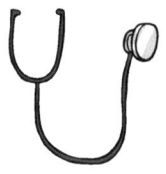

plaster

tireta

benda

embenat

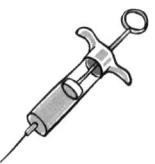

iniksyon

injecció

istetoskopyo

estetoscopi

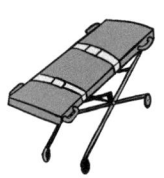

estretser

llitera

klinikal na termometro

termòmetre clínic

pagsilang

pariment

labis sa timbang

sobrepès

hearing-aid

aparell auditiu

pang-disimpekta

desinfectant

impeksyon

infecció

bayrus

virus

HIV / AIDS

VIH / SIDA

medisina

medicina

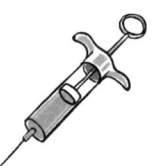

bakuna

vaccí

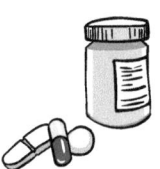

mga tableta

comprimits

tabletas

píl·lola

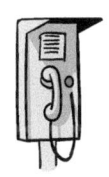

emergency na tawag

trucada d'urgència

pagmamatyag sa presyon
ng dugo

tensiòmetre

may sakit / malusog

malalt / sà

Tulong!

Socors!

asulto

assalt

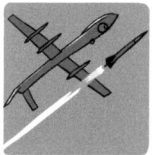

atake

atac

panganib

perill

labasang pang-emergency

sortida-eixida d'urgència

Sunog!

Foc!

fire extinguisher

extintor

aksidente

accident

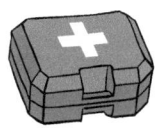

kagamitan sa paunang
lunas

farmaciola de primers
auxilis

SOS

SOS

pulis

policia

Europa

Europa

Hilagang Amerika

Amèrica del Nord

Timog Amerika

Amèrica del Sud

Aprika

Àfrica

Asya

Àsia

Australia

Austràlia

Atlantika

Atlàntic

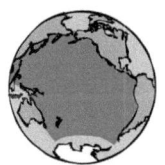

Pasipiko

Pacífic

Dagat Indiano

Oceà Índic

Dagat Antarktika

Oceà Antàrtic

Dapat Arktika

Oceà Àrtic

Hilagang polo

pol nord

Timog polo

pol sud

Antartika

Antàrtida

mundo

terra

lupa

país

dagat

mar

isla

illa

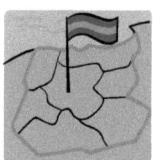

bansa

nació

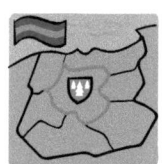

estado

estat

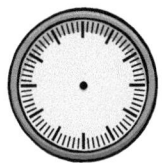

mukha ng orasan

quadrant

orasang kamay

agulla de les hores

minutong kamay

agulla dels minuts

segundong kamay

agulla dels segons

Anong oras na?

Quina hora és?

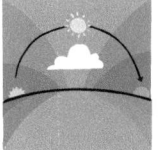

araw

dia

oras

temps

ngayon

ara

digital na relo

rellotge digital

minuto

minut

oras

hora

linggo
setmana

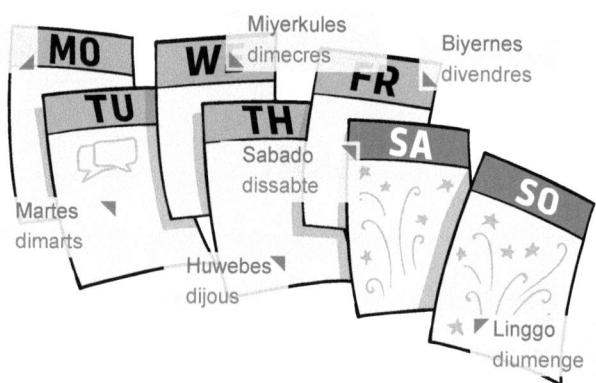

Lunes
dilluns

Miyerkules
dimecres

Biyernes
divendres

Martes
dimarts

Sabado
dissabte

Huwebes
dijous

Linggo
diumenge

kahapon
ahir

ngayon
avui

bukas
demà

umaga
matí

tanghali
migdia

gabi
tarda

mga araw ng negosyo
dia feiner

katapusan ng linggo
cap de setmana

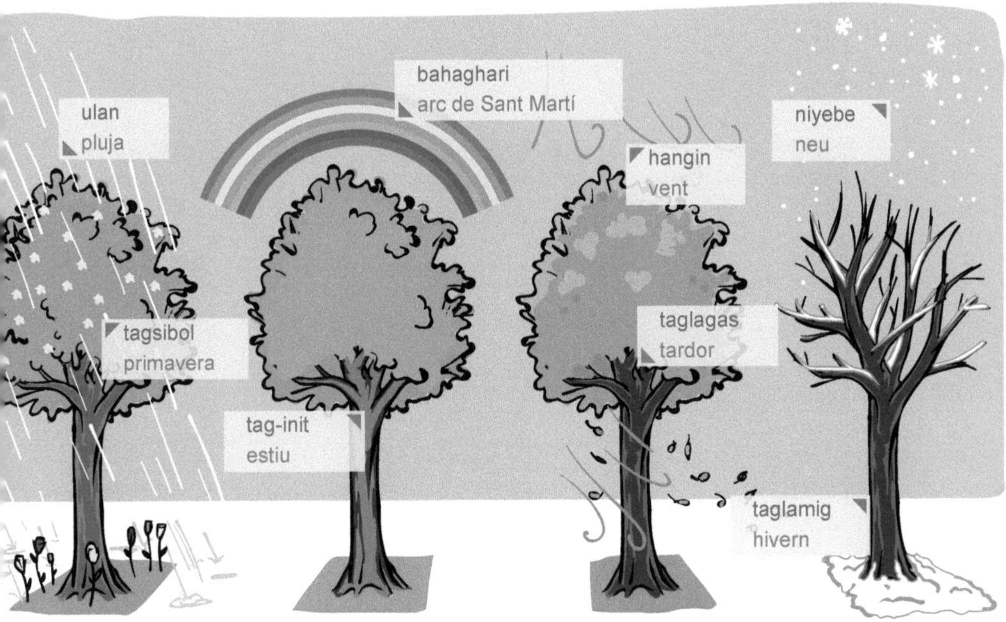

ulan
pluja
bahaghari
arc de Sant Martí
niyebe
neu
hangin
vent
tagsibol
primavera
taglagas
tardor
tag-init
estiu
taglamig
hivern

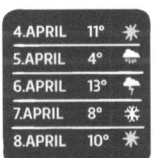

4.APRIL 11°
5.APRIL 4°
6.APRIL 13°
7.APRIL 8°
8.APRIL 10°

lagay ng panahon

pronòstic del temps

F
C
120
90
60
30
0
-30
40
30
20
10
0
-10
-20

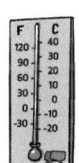

termometro

termòmetre

sikat ng araw

llum del sol

ulap

núvol

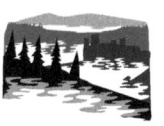

hamog

boira

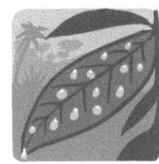

kahalumigmigan

humiditat de l'aire

kidlat
llamp

kulog
tro

bagyo
tempesta

may yelong ulan
calamarsa

tag-ulan
monsó

pagkain
inundació

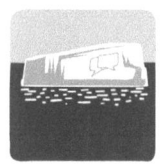

yelo
gel

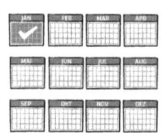

Enero
gener

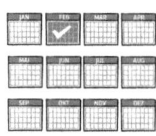

Pebrero
febrer

Marso
març

Abril
abril

Mayo
maig

Hunyo
juny

Hulyo
juliol

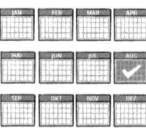

Agosto
agost

taon - any

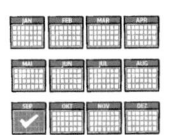

Setyembre

setembre

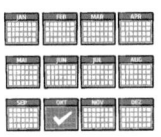

Oktubre

octubre

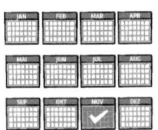

Nobyembre

novembre

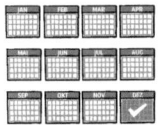

Disyembre

desembre

bilog

cercle

parisukat

quadrat

rektanggulo

rectangle

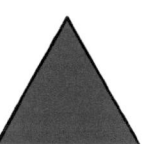

tatsulok

triangle

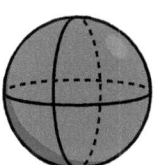

pabilog

esfera

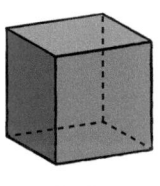

kyub

cub

mga kulay
colors

puti

blanc

dilaw

groc

kahel

taronja

rosas

rosa

pula

vermell

ube

lila

asul

blau

berde

verd

brown

marró

grey

gris

itim

negre

marami / kakaunti

molt / poc

takot / kalmado

emprenyat / tranquil

maganda / pangit

bonic / lleig

simula / katapusan

començament / fi

malaki / maliit

gran / petit

matingkad / madilim

clar / fosc

kuya / ate

germà / germana

malinis / madumi

net / brut

kumpleto / kulang

complet / incomplet

araw / gabi

dia / nit

patay / buhay

mort / viu

malawak / makipot

ample / estret

nakakain / hindi nakakain

comestible / immenjable

masama / mabuti

dolent / amable

nakakatuwa / nakakainip

entusiasmat / entediat

mataba / payat

gros / prim

una / huli

primer / darrer

kaibigan / kaaway

amic / enemic

puno / walang laman

ple / buit

matigas / malambot

dur / tou

mabigat / magaan

pesant / lleuger

gutom / uhaw

gana / set

may sakit / malusog

malalt / sà

ilegal / legal

il·legal / legal

matalino / tanga

intel·ligent / ximple

kaliwa / kanan

esquerra / dreta

malapit / malayo

prop / llunyà

magkasalungat - oposats

bago /gamit na

nou / usat

wala /mayroon

res / quelcom

matanda / bata

vell / jove

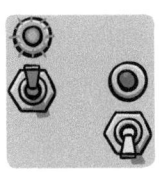

naka-on / naka-off

encès / apagat

bukas / sarado

obert / tancat

tahimik / maingay

silenciós / sorollós

mayaman / mahirap

ric / pobre

tama / mali

correcte / incorrecte

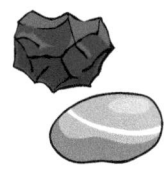

magaspang / makinis

aspre / suau

malungkot / masaya

trist / content

maikli / mahaba

curt / llarg

mabagal / mabilis

lent / ràpid

basa / tuyo

humit / sec - eixut

maligamgam / malamig

calent / fred

digmaan / kapayapaan

guerra / pau

0	**1**	**2**
sero	isa	dalawa
zero	u	dos

3	**4**	**5**
tatlo	apat	lima
tres	quatre	cinc

6	**7**	**8**
anim	pito	walo
sis	set	vuit

9	**10**	**11**
siyam	sampu	labing-isa
nou	deu	onze

12
labindalawa
dotze

13
labintatlo
tretze

14
labing-apat
catorze

15
labinlima
quinze

16
labing-anim
setze

17
labimpito
disset

18
labing-walo
divuit

19
labinsiyam
dinou

20
dalawampu
vint

100
daan
cent

1.000
libo
mil

1.000.000
milyon
milió

Ingles

anglès

Amerikan na Ingles

anglès americà

Tsinong Mandarin

xinès mandarí

Hindi

hindi

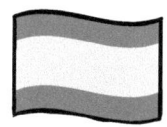

Espanyol

espanyol

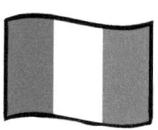

Pranses

francès

Arabe

àrab

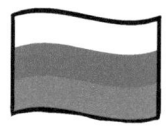

Ruso

rus

Portuges

portuguès

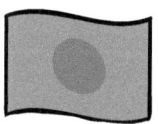

Bengali

bengalí

Aleman

alemany

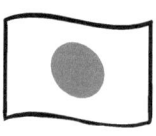

Hapon

japonès

ako

jo

ikaw

tu

siya / siya / ito

ell / ella / allò

kami

nosaltres

ikaw

vosaltres

sila

ells

sino?

qui?

ano?

què?

paano?

com?

saan?

on?

kailangan?

quan?

pangalan

nom

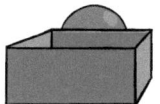

likuran
darrere

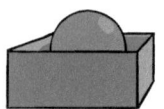

saan
en

sa harap ng
davant de

itaas
damunt

sa
sobre

ilalim
sota

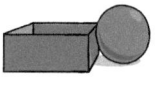

katabi
al costat

pagitan
entre

lugar
lloc